AF338902

A

Monsieur LÉON GAMBETTA

SOCIALISME ET LIBRE-ÉCHANGE

DEUXIÈME LETTRE

PRIX : 50 CENTIMES

PARIS

EN VENTE

(CHEZ TOUS LES LIBRAIRES EN FRANCE ET A L'ÉTRANGER.)

1878

SOCIALISME ET LIBRE-ÉCHANGE

UN ÉLECTEUR A SON DÉPUTÉ

A

Monsieur LÉON GAMBETTA

SOCIALISME ET LIBRE-ÉCHANGE

DEUXIÈME LETTRE

PRIX : 50 CENTIMES

PARIS

EN VENTE

(CHEZ TOUS LES LIBRAIRES EN FRANCE ET A L'ÉTRANGER.)

1878

UN ÉLECTEUR A SON DÉPUTÉ

Citoyen Député,

Si dans ma première lettre, je vous demandais de bien vouloir faire cesser l'équivoque à l'égard de questions qui ne semblaient pas devoir en comporter ; avec autant de raison peut-être vous demanderai-je par celle-ci de faire qu'il ne s'en produise pas dans le choix de celles qui peuvent devenir la cause d'un malaise social qui pourrait être sans remède. Car si les questions politiques ont plus spécialement pour objet de répondre au besoin de liberté inné chez l'homme ; celles économiques ont celui de prévoir a ce que, par l'emploi et l'échange qui peut et doit être fait du produit de son travail, il trouve le moyen de se substanter, et aussi de les voir présider au *mode d'action* qui doit y concourir ; soit qu'à ce sujet il préconise celui de liberté pure ou *Libre Echange*, celui de liberté rendu rationel par la *Protection* des tarifs, ou enfin celui du travail socialisé, c'est-à-dire *organisé* en dehors de la liberté de celui qui s'y emploie.

Mais, Citoyen, entre ces deux extrêmes libre échange et socialisme économique, ne seriez-vous pas d'avis qu'il y eût place pour un régime qui n'aurait les inconvénients ni de l'un ni de l'autre ; c'est-à-dire, comme le premier, ne laisserait pas le *capital* seul maître du travail, et le troisième qui voulant lui venir en aide n'en trouverait le moyen qu'en le rendant esclave de l'homme lui-même ; ma conviction est que le moyen intermédiaire serait préférable, mais, dès l'abord, il m'avait semblé opportun d'obtenir de vous-même une déclaration dégageant le capital de toute équivoque sur la légitimité de son emploi, et l'aide que chacun pouvait attendre de sa possession. Cependant ma demande inopportune sans doute, n'a pas été couronnée de succès ; car votre journal en place de se prêter à soutenir la discussion, a préféré nier qu'en France, il existât un parti socialiste s'étayant du désaccord entretenu par ces questions ; mais bien et seulement un parti politique voulant le progrès. Peut-être, Citoyen Député avez-vous raison ; mais de quelle nature serait ce progrès, et surtout quel moyen ce parti entend-il employer pour le conquérir ? Voilà ce qu'il faudrait connaître, et sûrement si j'en demandais la réponse à la majorité de vos électeurs, elle courrait risque ne ne pas avoir votre adhésion, bien qu'un moment vous ayant cru devenu trop *conservateur* pour ne pas être passé à l'ennemi, elle applaudisse aujourd'hui votre éloquence triomphale.

Cependant, Citoyen, à l'heure actuelle ou le passé semble ne plus rien devoir être pour l'avenir, le mot conservateur n'a pas de signification assez précise et paraît trop démodé, pour pouvoir être employé à l'accord de visées sociales qui, véritablement, en deviendraient le contre-sens, s'il était à craindre que votre omnipotence ne soit aussi impuissante à les diriger que peut-être à les contenir ; car, si à l'esprit *conservateur* on oppose celui de *progrès*, on a tort, le premier ne pouvant être que celui de suite nécessaire pour entretenir la vie du second, puisque celui-là n'a pu encore *pratiquement* en dehors d'un régime autoritaire, établir un critérium pour le remplacer. Jusqu'à ce jour le travail aidé de la portion transformée en *capital acquis* a servi à acquérir ce progrès ; est-il désirable de voir la société procéder à leur divorce, où trouver le moyen qu'ils ne soient plus ennemis ? Ce sont là, Citoyen, des questions dont, hélas ! votre éloquence fait sans doute trop peu de cas, pour l'employer à élucider des questions qui, bien que prosaïques, n'en sont que plus vitales ; et qu'il est constant que plus que toutes les autres elles sont l'objet des préoccupations des déshérités de ce monde qui spécialement vous ont élu leur mandataire aux fins de se voir ouvrir le chemin qu'ils croient fermé à leur liberté de parvenir à accroître leur bien-être ; et s'ils éprouvent la déception de tout voir rester en même état, vous accusant peut-être de ne rien changer, à ce qu'aujourd'hui comme hier ils sont obligés à recourir au triste moyen des grèves pour chercher à obtenir l'augmentation de salaire qu'ils croient devoir leur être accordé, n'y trouvant pas toujours le résultat qu'ils en attendaient, peut-être eussiez-vous dû leur faire entrevoir la vérité, qui est : qu'en l'état actuel du travail et de l'échange, en place d'un non vouloir qu'ils croyaient exister, ils se trouvent souvent en face de preuves, d'une situation économique qui, comme les grévistes des mines d'Anzin, les forcent à reconnaître qu'avant de songer à pouvoir augmenter leur salaire, ils doivent tenir compte de l'empêchement qu'y apportent les quatre *moteurs* économiques qui ont nom : *capital, concurrence, offre et demande,* et couronnant le tout, sur celui de l'*egoïsme* particulier qui, sur leur ensemble, pèse de son poids fatal, empêchement si impérieux que, tout en cherchant le moyen de s'y soustraire, le prolétaire est forcé de s'avouer qu'il ne peut y être apporté aucun remède, sinon celui de voir la société procéder à un changement radical d'économie sociale, et au moyen du *communisme* arriver à les supprimer.

Le temps n'est sans doute pas encore venu de recourir à ce moyen extrême, et vous même, citoyen Député, sans avoir trouvé de solution à leurs exigences fatales, peut-être bien avez-vous pensé pouvoir leur découvrir un palliatif qui puisse rendre leurs conséquences moins absolues ; et comme en beaucoup d'autres choses, sans doute, perdant l'illusion d'y apporter un remède par un autre moyen que celui d'accroître la liberté de chacun de pouvoir à son tour *user* et *abuser* du besoin de vivre des autres, espériez-vous que, présidant à l'économie d'un budget de 2 milliards et demi, vous trouveriez en lui le moyen de suppléer à l'insuffisance des recettes du prolétaire par celui de pouvoir en diminuer les dépenses. Mais quoique heureux sans doute d'y parvenir, vous n'avez en cette occurence que trouvé celui de procéder au dégrèvement d'impôts établis temporairement, rogner quelques budgets pour en améliorer quelques autres qui, sans doute, avaient grand besoin qu'ils le fussent, mais, hélas, vous n'avez rien pu changer à celui du prolétaire, qui lui, n'a d'assuré aucune partie du sien. Ce n'est pas, Citoyen, qu'on puisse vous faire le reproche de n'avoir pas su trouver le moyen qu'il en puisse être autrement ; car les questions de cette nature ne se résolvent pas par le bon vouloir d'y procéder, pas plus que la répartition du budget ne peut apporter un remède à toutes les misères que sa recette a servi à accroître, et si à dire vrai, une partie de sa dépense employée en travaux publics, offre un moyen de les amoindrir ; le mal n'en reste pas moins si grand, que devant la misère vouée à l'état chronique, beaucoup pensent que chacun devrait avoir le *droit* de participer au bien-être provenant de la richesse acquise *socialement*, de manière à remplacer *l'individualisme* par le collectivisme, résolvant alors au moyen de l'égalité *seule*, l'accord des deux redoutables problèmes qui se posent entre le capital et le travail.

Mais, Citoyen, si la question ainsi posée peut être résolue au moyen du Communisme, beaucoup, sans doute, ne creusant pas à fond ses exigences, croient parvenir au même but en procédant moins radicalement, mais ils se trompent à l'égal de Lamartine, quand il écrivait :

« La classe des prolétaires, livrée à elle-même par la suppression de ses patrons et par l'individualisme, est dans une condition pire quelle n'a jamais été, a reconquis des droits stériles sans avoir le nécessaire, et renversera la société jusqu'à ce que le socialisme ait succédé à l'individualisme. »

Car, dire cela est simplement faire du socialisme humanitaire, et bien que le fait en lui-même soit vrai, la formule qui le constate, allant sans doute plus loin qu'elle ne pense aller, ouvre le chemin a des projets de réformes, ou pour en trouver la limite, celui qui l'a émise aurait lui-même trouvé dangereux de voir la société s'y aventurer, car qui donc crée et entretient l'action décevante reprochée (quoiqu'à juste titre) aux agissements dus à l'individualisme, sinon le privilége de posséder un capital, et si le travail aujourd'hui réglé par la liberté de la concurrence devait devenir collectif, d'individuel qu'il est, le capital lui-même devrait nécessairement subir le même sort ; ce que Lamartine, ni vous sans doute Citoyen, ne pensez pas qu'en dehors de la liberté de l'y employer, il serait heureux d'y être contraint ; mais alors, si avec le désir d'améliorer, on peut facilement montrer le mal, on devrait pouvoir en faire autant pour le remède à lui appliquer, autrement on ferait œuvre pire que ceux qui, avec moi, croient que pour l'homme il n'y a pas à sortir du dilemme que lui pose la nécessité de souffrir des maux inhérents à la jouissance de sa liberté et ceux que lui imposeraient fatalement le régime communisme ou collectivisme qui parvien

drait au même résultat, cela, qu'on le croie bien, et qu'il serait,
Citoyen heureux de vous le voir affirmer, quand même il jouirait
de toutes les libertés dont il revendique encore l'usage, car, ou
elles serviraient à la destruction de celles existantes, ou quelques-
uns seulement y trouveraient la satisfaction de leur bien-être,
mais encore ne changeraient rien au pouvoir des quatre moteurs
économiques cités plus haut ; et ceux qui, pour y remédier au
profit de tous, croient pouvoir affirmer qu'ils en trouveraient
l'atténuation, en ce qu'il ne s'agirait que « de régler les lois
» du travail, élever le bien-être par la vie à bon marché ; dé-
» grever les impôts, et moraliser par l'éducation, » en seraient
pour leur bonne intention, car elle n'aboutira pas, pour la
raison que les lois du travail se règlent d'elles-mêmes par
l'effet de la concurrence des bras et du capital qui les emploie ; et qu'il est IMPOSSIBLE *d'y rien changer* tant que l'homme
restera *libre* d'en donner l'œuvre calculée au minimum de ses
besoins. Que ce minimum qui devrait suffire au bien-être n'est que
relatif, car pour le trouver suffisant, le Chinois n'en demandera
pas autant que le Français. Que, dans un grand Etat, l'importance des impôts suit la progression de la richesse générale,
car les besoins sociaux y grandissent toujours, et qu'alors
dégrever ceux indirectes ne servirait qu'à augmenter d'autant
ceux directs qui, pour le prolétaire, reprendraient la place des
premiers. Qu'enfin, l'éducation ne servira à rien, si elle ne procure
à l'homme la force morale qui doit apaiser les appétits que plus
souvent elle sert à développer, et qu'aujourd'hui il est plus
qu'en aucun autre temps question de satisfaire.

Toutes ces questions, Citoyen, qui résument de bien loin toute
la critique que fait le socialisme du régime actuel, bien qu'élé-
mentaires pour vous comme pour beaucoup, n'en sont pas
moins chaque jour l'objet d'une polémique qui n'aboutit qu'à
entendre parler pour ne rien dire, ou du moins laisse le socialisme s'ingénier à trouver tout mal sans oser formuler
ce qu'en place il trouverait bien ; ou s'il le fait, se garde
d'en déduire les conséquences qui entraîneraient la destruction de la société, car veut-on sincèrement l'améliorer où
la détruire, toute la question se résume en cela, dire la vérité
peut seule empêcher qu'elle le soit, comme l'esprit de justice
remplaçant celui de l'égoïsme, peut seule aussi pour beaucoup
la rendre supportable. Et le frein qui, selon vous, doit être

mis aux empiétements du cléricalisme, ne vous paraîtrait-il pas tendre à l'effet d'un dérivatif nécessaire pour éluder les questions de travail et de salaire et laisser croire qu'il y a là quelque chose causant l'*impossibilité* de les résoudre, quand soi-même on n'en peut trouver le moyen.

Mais Citoyen Député, s'il est malaisé de gagner ne l'est-il pas aussi de conserver? Nul doute qu'un grand malaise social ne provienne de ce fait qui rejette dans le prolétariat un grand nombre de gens qu'un travail acharné en avait fait sortir ; à voir certains gouvernements agir de même que les fripons, qui eux sans doute trouvent, dans la mansuétude de la répression, un dommage inférieur à la jouissance d'un bien acquis au moyen de réclames fallacieuses, car, Citoyen, le bon public ne sait pas assez que les journaux, bénéficiant du prix exagéré de la réclame, s'interdissent le droit de lui nuire, et que si un journal veut dire la vérité sur une *affaire* qui promet 50 pour 100 de bénéfice, et en donne 100 de perte, il n'est libre de le faire qu'alors que la ruine des actionnaires est consommée, ce qui fait que les moyens souvent employés pour l'acquérir ne sont pas sans raison pour faire crier après ce qu'on nomme l'infâme capital. Aussi pour cela et pour bien autre chose qu'il serait trop long d'énumérer, la France, qui ne manque pas de rhéteurs, semble-t-elle inutilement chercher l'homme dont l'honnêteté mise au-dessus des compétitions de l'intérêt particulier, à défaut des maux qu'il serait impuissant à guérir, s'ingéniera à mettre fin aux moyens frauduleux qui, par l'insuffisance des lois d'arriver à les punir, deviennent dommageables à l'intérêt d'autrui, et dont les préoccupations de la politique pure ne lui fassent pas perdre de vue les choses qui, bien que prêtant moins au lyrisme, n'en sont que plus du domaine de ce bas monde, bien qu'elles semblent toujours destinées à demeurer à l'état spéculatif.

Passant aux questions économiques, j'avoue, Citoyen Député, que bien qu'attentivement j'aie suivi l'énoncé, que si rarement vous avez cru devoir faire de leur exposé, que dernièrement encore vous énonciez par ces simples mots : « qu'est-ce que la richesse ? C'est le produit du travail » j'en serais encore à connaître votre opinion, si ce n'était la tendance aux données du *libre échange* qui peut résulter de la défense que vous avez fait du traité de commerce avec l'Italie, traité rejeté par l'Assemblée,

malgré l'habitude prise par elle jusqu'ici de suivre votre
direction, mais en cette circonstance, ne vous laissant pas devenir l'arbitre des intérêts mercantiles de chacun, comme vous
l'êtes à cette heure de ceux politiques de tous ; car dans cette
occurence, Citoyen Député, il serait à craindre que votre pouvoir dirigeant ne soit mis à une épreuve pire que celle qui résul-
terait de la mise en action du radicalisme politique, et, peut-
être que le choix de l'Assemblée en matière économique pourrait donner raison au Socialisme, de ne voir de solution à l'état
actuel que dans celui social.

Car, Citoyen Député, il faut bien admettre que radicalisme
social il y a, et que s'il est à craindre, c'est que ses théories
tendent à la réalisation de l'idée de pouvoir opérer la dépossess-
sion individuelle de la propriété, représentée par le capital
de circulation qui tient surtout encore l'homme en état de servage ; bien qu'il voie en lui l'ennemi de son bien-être, moins
dans son usage strict que dans l'abus qu'il est fait de son rôle
économique, si bien qu'admettre les données du libre-échange
serait ne pas vouloir comprendre que, loin de porter remède
aux maux dont le capital est autant l'effet que la cause, il n'a-
boutirait à rien moins qu'à maintenir le prolétaire, non pas seulement sous la domination de ce qu'à juste titre il qualifie du nom
de féodalité financière française, mais encore d'y voir ajouter celle
étrangère; car s'il pense pouvoir un jour arriver à rendre moins
dure l'égoïsme de celle là, que le désir du gain pousse parfois jusqu'à la férocité, quand il s'applique à rendre dérisoire le salaire
des femmes, dans des industries qui, comme pour les modes et
les fleurs, n'ont pas à craindre de rivalité. Il ne pourrait que le
faire inutilement pour celle étrangère, abritée qu'elle serait par
des traités que, s'il les fallait déchirer, entraînerait la France en
un état de guerre pour lequel « les temps héroïques que vous
dites passés » redeviendraient peut-être encore nécessaires, non
pour la conquête de la liberté, mais pour celle non moins impé-
rieuse de vaincre la difficulté de pouvoir vivre en travaillant.

Vous le savez Citoyen Député, pour le prolétaire cette difficulté existe depuis longtemps déjà, mais il conserve néanmoins
l'espoir de pouvoir un jour arriver à l'amoindrir ; et bien qu'à
l'heure actuelle il s'emble plus préoccupé de ses intérêts politiques que de ceux qui ont rapport à la protection, qu'il con-
viendrait d'accorder à son travail, peut-être pense-t-il lui aussi,

laisser faire et passer, jusqu'à ce que se voyant un jour scientifiquement réduit à la portion congrue de la misère, elle ne lui laisse que l'alternative de prendre conseil du désespoir d'entendre dire que rien n'y peut être changé.

Tenter l'épreuve de motiver ce désespoir serait sans doute imprudent, convenez-en Citoyen, aussi faudrait-il ne rien faire pour y aboutir, quand aujourd'hui surtout le prolétaire voit sûrement que l'oppression qu'il à a vaincre n'est pas celle politique, mais bien celle économique, et qu'il est certain qu'il ne demande à jouir de la liberté de la première que pour avoir le moyen de se rendre maître de détruire la seconde. Donc, s'il convient de reconnaître, que le faiseau qui doit servir à relier tant d'intérêts divers est difficile à former, on doit aussi convenir que tout doit être fait pour y parvenir ; et non d'en remettre la solution ou même la recherche en des temps qui vous sembleraient plus opportuns, ce que peuvent vouloir insinuer vos belles mais élastiques paroles, quand vous dites : « pour l'enfant l'école, pour l'homme mûr le travail, pour le citoyen la liberté ; et cela suffit, d'autres viendront plus tard qui feront leur œuvre. »

Oui, Citoyen, vous dites vrai, pour l'homme mûr le travail, mais encore le lui procurer ne suffit pas, car il pourrait l'obtenir et mourir de faim en s'y livrant ; donc s'il faut le travail il le faut aussi rénumérateur, là est la difficulté qu'il serait oiseux de ne pas reconnaître tel, de même aussi de chercher à l'éluder ; mais que la société le veuille ou non, elle ne sortira pas de cela : ou elle *protégera* le travail, ou elle *l'organisera*. Il est temps, sans doute, encore de choisir ; mais le choix doit en être fait, afin que l'espoir renaisse aux foyers du travail, car les forces s'y épuisent devant l'indécision qui paralyse celles nécessaires à conjurer ce que chacun craint d'entrevoir pour l'avenir, et, Citoyen, devant l'œuvre magnifique que révèle notre grandiose exposition, si la France doit être fière de sa part de grandeur industrielle qu'aucune nation n'oserait lui contester, elle doit aussi reconnaître que les temps sont déjà loin, ou presque seule elle faisait grand et bien ; et qu'en dehors des produits particuliers à chaque nation, chacune d'elles tend à *pouvoir se suffire à elle-même*, et aussi d'arriver à une production de bon marché, que ses rivaux ne puissent atteindre.

Loin de dire, Citoyen Député, que notre commerce, en gé-

néral, doit inconsidérément céder à cette tendance à produire
bon marché, elle n'en est cependant pas moins inquiétante, en
regard d'un stock de jour en jour plus considérable chez chaque
nation ; hormis pour la France, où il n'existe qu'entretenu par
l'agglomération des produits étrangers, quand encore chacune
d'elles désire voir le moment qui lui sera permettra de l'accroître,
si une protection efficace n'était mise en travers de leurs con-
voitises. Il est donc de tonte nécessité, à l'heure actuelle, de se
demander s'il convient de continuer à suivre la voie ouverte
par le libre-échange, ou de l'enrayer au moyen de la révision
de nos tarifs douaniers, et la *dénonciation immédiate de nos
traités de commerce ?*

Il ne faut sans doute pas en aller chercher la réponse chez
une nation, où tout dernièrement le prince héritier a tenu à
honneur de vous avoir pour convive, car il serait prudent de
se mettre en garde contre ses avances d'amitié si elles devaient
avoir pour résultat de lui faire obtenir une nouvelle proroga-
tion d'un traité si nécessaire à ses intérêts; mais plutôt, Citoyen,
voir nos dirigeants inspirés des nécessités particulières à
notre belle France si heureusement douée, se demander si
les résultats produits par le passé seraient améliorés ou agravés
dans l'avenir.

Il serait, certes, oiseux, Citoyen, de dire que la pratique du
libre-échange a été sans influence pour aider à la merveilleuse
richesse de la France quand on peut mettre son commerce
actuel de 19 milliards de produits, en regard de celui d'il y
à vingt ans, qui, dans la même période donnée, n'était que
de 3 milliards 600 millions ; mais encore ne se peut-il faire
qu'à l'égal d'un médicament dont l'usage trop prolongé
peut devenir mortel, de voir aussi le libre échange aboutir
à agraver une situation économique, qui, bien que générale, n'en cause pas moins partout la diminution des salaires,
en même temps que les choses indispensables à la vie
augmentent. Prenant pour exemple l'Amérique, qui, elle
aussi, demande à être admise à contribuer à l'approvisionne-
ment de notre marché ; on dit que depuis qu'elle a établi le
système protectionniste, les salaires y ont baissé, mais en
outre qu'il serait difficile de prouver que le libre-échange n'a
pas partout produit le même effet, est-ce donc qu'il y a à s'en
prendre à l'un ou à l'autre mode économique, quand l'échange

n'a pas lieu à cause du pléthore dont chaque nation est atteinte ; et en ce qui est personnel à l'Amérique, si son outillage déjà sans pareil ne l'avait forcée à une production démesurée avec les besoins de son marché intérieur, et aussi chaque nation, l'une à diminuer les heures de travail, l'autre à obtenir le même effet sur le prix de la journée ; car tout dernièrement encore les ouvriers fileurs du Lancaskire, après une grève longue et douloureuse, se sont vus obligés de reprendre leurs métiers, en consentant à subir un rabais de 10 0/0 sur leurs salaires. C'est qu'en effet, une cause majeure les forçait à s'y soumettre : celle de ne pouvoir autrement obtenir du travail, les patrons ayant déclaré que, n'obtenant pas leur acquiescement, ils seraient forcés de liquider, et cela au moment peut-être où votre journal donnait le même avis aux filateurs français, leur disant que « s'ils ne pouvaient vivre sans être protégés, ils devaient liquider ; » mais ce mot gros de désastres, serait-il dit avec désinvolture si ce n'était sans doute la conviction acquise par vous, Citoyen, que le seul remède était de le leur conseiller, mais prouve aussi que la crise en est arrivée à l'état aigu, et que chaque nation s'étiole à prendre à tâche de devenir l'une, maîtresse des marchés du monde entier ; l'autre comme la France, à soutenir la concurrence que lui cause une situation économique dont il lui tarde de n'avoir plus à subir les ruines qu'elle lui cause.

Car, Citoyen Député, s'il convient à d'autres nations de fabriquer outre mesure, faut-il donc que la France, en raison de l'existence d'un trop plein, que dussent-elles lui vendre au rabais ; *laisse faire et passer* jusqu'à l'héroïsme d'y voir chez elle supprimer les branches similaires de son travail national, et cela sous le prétexte que certaines spécialités, telles que : les fils de lin et de coton, de même que les tissus bon marché, sont *indispensables* à l'alimentation de leurs immenses manufactures, et sans doute aussi aux bénéfices qu'elles trouvent à les produire, ce qui alors forcerait celles françaises à ne fabriquer que des articles de prix dont, peut-être, elles ne trouveraient pas plus l'écoulement chez elle, qu'ailleurs, où tout se démocratisant ; le luxe des femmes s'y reconnaît plutôt dans l'agrément ajouté à la confection de leurs costumes habillés, que dans le prix de l'étoffe en elle-même, et, qu'à leur usage, dentelles et velours ayant fait leur temps, les hommes aujourd'hui se parent d'un *habillement complet de 35 fr.*

Mais au sujet de ce bon marché poursuivi à l'égal d'une panacée universelle, et qui pourtant a souvent pour l'acquéreur le résultat d'un mauvais marché ; n'entend-on pas, à tous propos, les libres-échangistes dire que « malgré tout, il faut l'obtenir dans l'intérêt du consommateur, que c'est au producteur de s'arranger comme il le pourra. » Mais, Citoyen, le producteur n'est-il donc que le manufacturier lui-même, et quand un chef d'usine occupe des centaines d'ouvriers, si la part du profit de celui-ci peut, sans inconvénient, être amoindrie au bénéfice de celui général, en peut-il être de même pour l'ouvrier, sans lequel il n'y aurait pas de production, à voir son salaire subir le même sort, de manière à ne pas lui permettre de devenir lui-même consommateur, ce qui, hélas! devient de plus en plus, aujourd'hui, le sort d'un grand nombre de travailleurs de la grande industrie, qui, par l'effet de leurs faibles salaires, se trouvent être sacrifiés comme, dit-on, doit l'être tout producteur, et cela sans souci des tristes conséquences qui en résultent pour le commerce en général, et ferait par le prolétaire maudire la liberté du travail, qui, pour consolation, ne lui laisserait que la perspective de souffrir d'une misère imméritée.

Cependant, Citoyen Député, en regard de la prospérité merveilleuse que son usage a produit, pourrait-il être question d'en faire l'abandon ? Mais, hélas! comme toute chose grandie outre mesure est sujette à voir décroître sa puissance : la statistique constate qu'en ce moment il en est de même aussi pour notre commerce extérieur, qui, pour les neuf premiers mois de l'année actuelle, se solde par une différence *en moins* de plus de 800 millions, et cependant, devant l'éloquence de cette somme déjà énorme, les partisans du libre échange trouvent encore matière à être satisfaits et pensent qu'il n'y a pas à s'en préoccuper, n'y voulant voir qu'une question de chiffres, puisqu'en somme, disent-ils, celui de notre commerce général n'a pas changé, que cela soit vrai, il ne peut cependant pas être indifférent que la plus-value donnée aux marchandises exportées ait plus ou moins servi à rétribuer le travailleur français, ou que l'échange se soit fait sur l'une ou l'autre matière d'un usage plus particulier que général.

En ces matières, il pourrait paraître oiseux d'entrer dans une discussion de détails qui, de part et d'autre, paraît devoir être épineuse ; mais s'il est d'une grande importance pour l'existence même de notre pays, que plusieurs questions, comprenant celles des fers, houilles et minerais, ne puissent manquer d'être résolues dans le sens de la *protection* ; d'autres, comme les fils et tissus de grande importance aussi, mais plus locales, souffrent de la concurrence de l'Angleterre, de la Belgique et de l'Allemagne, et quoique protégées d'un droit *ad valorem* de 15 pour cent, n'en sont pas moins arrivées à une situation qui ne les laisse exister que pour bientôt mourir. Et, Citoyen, c'est justement parce qu'on sait ces industries protégées qu'on les croit moins à plaindre, ne se rendant pas compte que, dans la pratique, cette protection peut être facilement éludée et rester sans résultats : car, n'est-il pas d'une facilité élémentaire, quand les intérêts d'un négociant sont en jeu, de lui voir vendre 1,000 mètres d'étoffe à 1 fr., et, pour faciliter l'acheteur des droits prélevés, ne recevoir de lui que 85 cent., ou s'il s'oblige à en tenir compte, l'ajouter alors au prix de l'étoffe, qui, comme point de comparaison, peut ne pas avoir de similaire en France ; mais, ferait-il le contraire en facturant 85 cent. ce qui réellement vaudrait 1 fr., la préemption dont ses confrères français ont le droit d'user pour s'approprier sa marchandise, ne l'effraie pas outre mesure, en ce qu'il est presque impossible de priser la valeur d'une étoffe de fantaisie à 15 pour cent près ; et que le préempteur n'ayant pas toujours besoin ou le moyen de se l'appliquer, la laisse presque toujours aller à destination ; mais, dans tous les cas, et c'est là le point capital, *la marchandise sera entrée en France et devra y être consommée.*

Je n'aurais garde, Citoyen, de dire que le remède à appliquer à cette situation est difficile à trouver, il a fonctionné, et il ne s'agirait que de revenir à l'adoption du droit protecteur *spécifique* en place d'user de celui *ad valorem* qui l'a remplacé, et, à juste titre, justifie les plaintes dont il est l'objet de la part de ceux qui, ouvriers et fabricants, s'en trouvent lésés ; et avec raison, s'émeuvent de voir la France, avec son génie inventif, sa production variée, ne pouvoir tenir tête à la concurrence étrangère, mais aussi, forcés à reconnaître qu'elle est trop chevaleresque pour être mercantile au point de priser le lucre à l'égal de nations rivales, dont les besoins d'échanges justifient peut-être l'égoïsme et l'âpreté qu'elles mettent à l'obtenir, et font, par l'emploi de machines puissantes, que leur production n'est plus en rapport, non, hélas ! avec les besoins de l'homme, mais avec les moyens dont il peut disposer pour en acquérir l'usage.

Ah ! Citoyen, sans doute que pour porter remède à cet excès de production, il ne faut pas commettre le blasphème de dire au progrès : recule, à la lumière : éteins-toi ! ni au prolétaire : brise le métier automate que tu peux conduire seul, quand jadis il aurait exigé le travail de dix de tes pareils ; renverse la vapeur qui supplée à ta force, car ce sont là tes ennemis qui, chaque jour de plus en plus, prennent ta place à l'usine et à l'atelier, et alors sans capital acquis, font que tu restes dans la misère. Mais aussi faudrait-il encore en tenir compte et songer au temps où, arrivé à son apogée, la matière suppléant l'intelligence, n'exigera que le travail d'un homme sur cent. Alors, Citoyen, la seconde étape économique, qui sera la même que celle qu'il vous tarde de voir se produire en politique, aura succédé à celle de la protection qu'aujourd'hui demande le travail, suivie elle-même par la troisième étape qui sera celle de son organisation, donnant peut-être alors raison au socialisme de mettre en pratique ses théories égalitaires, car il sera de toute nécessité d'y procéder, en organisant un état social qui, à l'encontre de celui actuel, où l'homme y vit difficilement de son labeur, puisse alors se substenter, malgré que ne travaillant pas. Ce qui peut à beaucoup sembler une utopie comme s'en pouvait être une il y a deux cents ans, où Paris était éclairé avec des chandelles, de rêver qu'il le serait un jour avec le gaz, encore moins à la lumière électrique, et pourtant on peut voir que cela est !

Avec raison, Citoyen, il serait oiseux de penser obtenir une solution rationnelle de toutes ces questions d'échanges et de salaires si ardues à coordonner, en rêvant l'humanité ne former qu'un seul faisceau, lui assigner un seul mobile, rêvant l'union en un seul génie, de ceux si divers qui concourent à l'harmonie humaine ; mais plus encore ne faudrait-il pas maudire le libre-échange si, comme il le ferait, il servait de moyen mercantile pour s'enrichir à tout prix au détriment des plus impérieux besoins de l'homme. Non pas, Citoyen, que la protection que réclame aujourd'hui le travailleur, et dont je ne suis qu'un écho bien insuffisant pour défendre la cause sacrée, puisse avoir pour résultat de maintenir son œuvre captée dans un milieu où elle n'aurait pas sa liberté d'action ; car protection ne peut contenir l'idée de la soumettre de nouveau au servage dont il s'est si péniblement affranchi ; le tout se réduit à savoir si oui ou non le régime économique actuel convient aux intérêts des consommateurs en même temps qu'à ceux des producteurs dont on ne peut séparer la concordance. Tous ceux que n'aveuglent pas la chance d'être dans une position de production favoralisée par le libre-échange, ont répondu : *Non*. Je pense, Citoyen, que vous serez de leur avis, et que tout le lyrisme qui pouvait être mis au service d'arriver à n'en pas tenir compte, malgré qu'il élève tout ce qu'il élucide, comme la poésie embellit tout ce qu'elle chante, resterait sans écho devant l'agravation de la misère qui s'annonce, et dont alors on ne pourrait parvenir à étouffer les cris de protestation.

Mais, Citoyen Député, ne faudrait-il pas craindre pour l'homme de lui faire de la vie un trop sombre tableau, quand elle a encore pour chacun des lueurs qui l'éclaire et la console, et comme l'a dit le ministre aux lauréats de cette année « le mâle dédain des » richesses fait porter le front haut dans la vie ». Mais si seule la médiocrité peut rendre heureux, la tâche de tous est que cette médiocrité, autant que possible, s'éloigne de l'état de misère ; pour y parvenir il est constant que les questions économiques ne sont pas les seules à résoudre, car celles de prévoyance doivent leur servir de complément. Et, bien qu'il soit admissible que l'Etat doive rester désintéressé des intérêts particuliers de chacun, c'est à la condition que l'initiative individuelle ne restera pas inactive, et constituera un fond social propre à venir en aide aux déshérités de ce monde, si donc je ne suis pas abusé par un espoir chimérique, il me semble que l'idée émise dans ma brochure *Liberté ou Communisme* pourrait, dans la mesure graduelle du possible, parvenir à ce but, c'est à l'effet de la mettre sous votre haute influence, que j'en relate ici le paragraphe pour conclusion, heureux si votre adhésion ne manque pas aux idées qui précèdent, mais encore plus si je l'obtenais pour la mise en pratique de celle qui suit.

ŒUVRE NATIONALE FRATERNELLE

Pour pourvoir à l'accomplissement de cette œuvre, il n'y aurait pas à en trouver le moyen par la création d'un impôt portant le nom plus ou moins déguisé de la misère, mais à un *don fraternel, facultatif et toujours ouvert*, qui permettrait de constituer une *rente considérable* applicable aux besoins *des invalides du travail*.

Puisqu'au moyen d'une faible retenue faite sur des appointements, souvent minimes, l'initiative des grandes Administrations, trouve celui de servir une rente à leurs employés ; pourquoi celle Manufacturière, Agricole, Commerciale, Industrielle et Marchande ne pourrait-elle agir de même, se disant que si la retenue qui sert aux premiers, a été faite du consentement de celui appelé à en profiter? celle accordée de l'autre ne serait, il faut bien le dire, souvent qu'une restitution. Dans tous les cas, à l'encontre de l'œuvre de Solidarité qui ne peut être conciliée avec la liberté de l'homme, celle de Fraternité s'accomplirait, il fant le croire, avec autant de facilité que pour toute chose où il est facile de trouver des millions, car celle-ci aurait pour but d'assurer la civilisation contre les chances d'une guerre sociale, qui, toujours menaçante, fait que la peur d'avoir besoin de s'en défendre, la société perd davantage que de s'assurer des moyens de la prévenir ; en tous cas, elle aurait par là trouvé ceux d'atténuer l'acrimonie des revendications de l'homme, qui, ayant vécu misérable, s'éteint souvent haineux, toujours désespéré.

PROJET.

Capital illimité.....
Souscriptions reçues à titre permanent par la Banque de France, centralisées et placées en rentes sur l'Etat, et distribuées annuellement en livrets de rente de 500 fr., payable mensuellement par le percepteur de la commune, qui s'en ferait rembourser par la Banque.

La seule condition d'y avoir droit serait de n'avoir pas de ressources et de compter parmi les plus âgés du nombre de répartitions à faire chaque année.

L'administration de l'œuvre serait faite gratuitement par des directeurs pris dans toutes les classes de la société, y compris celle ouvrière.

Les donateurs seraient inscrits sur le livre d'or quand ils auraient versé une somme supérieure à 100 fr.

Cette organisation admise et complétée par tout ce qui pourrait
lui donner de l'extension et de l'importance, qui ne désirerait
que l'Etat soit tenu d'y verser:

1° Le montant des successions en déshérence ;

2° Le produit des amendes de toute nature ;

3° Le prix de vente des objets trouvés ;

4° Une partie de l'impôt sur les successions.

Qui empêcherait l'œuvre de recevoir des donations, d'organi-
ser à son profit des bals, concerts, loteries, etc.

Mais, dira-t-on, combien de milions faudrait-il donc pour
réaliser un aussi grand bienfait ? Beaucoup, sans doute, mais
pas autant qu'on pourrait le croire, et surtout pour le résultat
moral qu'ils serviraient à acquérir.

Car 1 million rendrait heureux	100 vieillards.	
10 — —	1.000	—
100 — —	10.000	—
200 — —	20.000	—

Combien en existe-t-il de l'âge de soixante ans? Et combien
sont soutenus par des bienfaiteurs anonymes, qui alors pour-
raient en reporter le bienfait sur d'autres misères que l'œuvre
ne pourrait soulager ; il serait facile de le savoir, car il serait
oiseux de se dissimuler que le travail est la seule garantie possible contre la misère générale, et qu'il s'agit, en ce cas, de
soulager celui qui n'a plus la force de s'y livrer.

Ainsi l'œuvre pourrait facilement réaliser, dès l'abord, 100
millions et aller graduellement à un milliard. Alors 100,000
vieillards, auraient droit non à une aumône, mais au paiement
d'une rente de 500 fr. constituée à leur profit par la Société, et
l'ouvrier voyant le négociant, manufacturier, fabricant, agri-
culteur prélever facultativement sur sa fortune, ou chaque année
sur ses bénéfices, une somme qu'en définitive il a acquise au
moyen de sa collaboration, saurait qu'il fait pour lui autre chose
que le paiement journalier de son salaire.

Et faisant lui aussi son œuvre, si le Français qui commerce,
possède, ou produit, à l'âme républicaine et juste, peut-il trouver
un moyen plus utile pour l'affirmer, qu'en se réunissant sous
l'égide d'un drapeau dont la signification ne se discute pas: celui
de la *Fraternité !*

Espérons tous, Citoyen, qu'il en sera ainsi.

Paris.—Imprimerie de E. Brière 257. rue Saint-Honoré.

PARIS

IMPRIMERIE DE E. BRIÈRE

Rue Saint-Honoré, 257.